D0648035

L'auteur
Dominique de Saint Mars

Après des études de sociologie,
elle a été journaliste à *Astrapi*.
Elle écrit des histoires
qui donnent la parole aux enfants
et traduisent leurs émotions.
Elle dit en souriant qu'elle a interviewé
au moins 100 000 enfants...
Ses deux fils, Arthur et Henri,
ont été ses premiers inspirateurs !
Prix de la Fondation pour l'Enfance.
Auteur de *On va avoir un bébé*,
Je grandis, *Les Filles et les Garçons*,
Léon a deux maisons et
Alice et Paul, copains d'école.

L'illustrateur
Serge Bloch

Cet observateur plein d'humour
et de tendresse est aussi un maître
de la mise en scène.
Tout en distillant son humour généreux
à longueur de cases, il aime faire sentir
la profondeur des sentiments.

Max raconte des «bobards»

Série dirigée par Dominique de Saint Mars

© Calligram 1993
© Calligram 1997, pour la présente édition
Tous droits réservés pour tous pays
Imprimé en Italie
ISBN : 978-2-88445-108-6

Ainsi va la vie

Max raconte des «bobards»

Dominique de Saint Mars

Serge Bloch

MINOU !! mais où est passé ce sacré chat !

CALLIGRAM

CHRISTIAN ALLIMARD

C'est encore Lili qui a gagné le concours de plage !

11

12

13

15

20

C'est même pas vrai.

Mais tu étais même pas là. Je vous jure que c'est vrai !

Alors, je ne vais pas te la faire essayer, puisque tu en as déjà fait.

27

Arrête !

J'en ai marre qu'on ne me croie pas. Vous êtes tous contre moi !

Mais tu n'arrêtes pas de raconter des bobards. Et tu fais le caïd à cause de ce frimeur de Franck...

Oui, Max, dis la vérité ! Tu peux avoir confiance en nous... et en toi !

Bonjour madame Tourteau !
... pour dîner ?... ce soir ?...
Ah, désolés, on n'est
pas libres...

36

40

Et toi...

Est-ce qu'il t'est arrivé la même histoire qu'à Max ?

Est-ce parce que tu crois, à ce moment-là,
aux histoires que tu racontes ?

Parce que tu te trouves nul(le)
et que tu veux paraître mieux ?

Est-ce parce que tu penses
que l'on t'aime seulement si tu réussis ?

Parce qu'en cas de bêtises, tu as peur
de te faire punir ou juger sévèrement ?

Est-ce parce que tu trouves
que l'on ne s'intéresse pas assez à toi ?

Parce que tu as de l'imagination
et tu trouves que la réalité n'est pas drôle ?

Est-ce parce que tu te sens bien dans ta peau
et tu acceptes tes défauts comme tes qualités ?

Parce que tu te moques de ce que les autres pensent
de toi, et tu te sens aimé, quoi qu'il arrive ?

Car tu as remarqué qu'un mensonge
en entraîne un autre et c'est dur d'en sortir ?

Parce qu'après, on ne te croit plus
et tu as le contraire de ce que tu voulais ?

Car tu n'aimes pas que l'on te mente ?

Parce que tu sais dire ce que tu penses
ou que tu as le sens de l'humour ?

**Après avoir réfléchi
à ces questions
sur les «bobards»
tu peux en parler
avec tes parents ou tes amis.**

Tout le monde peut se tromper